每當我們存着盼望去祈禱時，

我們是將自己的生命放在神的手中。

恐懼和焦慮會漸漸消退；

並且我們所得着的一切和所失的一切，

都只不過是一個直指着神現今仍隱藏的應許，

而這應許的豐富是

我們將能完完全全嘗透的。

——盧雲

靈修著作精選｜盧雲系列｜

親愛主，牽我手

認識禱告真義

盧雲著 徐麗娟譯

基道出版社

▼

靈修著作精選 • 盧雲系列

親愛主，牽我手

認識禱告真義

With Open Hands

作者

盧雲 Henri J.M. Nouwen

譯者

徐麗娟

責任編輯

堵建偉

裝幀設計

莫可雅

■

出版／發行

基道出版社

香港沙田火炭坳背灣街 26 號富騰工業中心 10 樓 1011 室

LOGOS PUBLISHERS

Unit 1011, 10/F, Fo Tan Ind. Centre, 26 Au Pui Wan St., Shatin, Hong Kong

電話：(852) 2687-0331　傳真：(852) 2687-0281

網址：https://www.logos.com.hk

承印

陽光（彩美）印刷有限公司

●

10/1991 初版　4/1992 二版　9/1993 三版

10/1995 四版　7/1998 五版　3/2002 六版　8/2005 七版

Cat. No. LP711-7A

ISBN-10: 962-7048-98-4

ISBN-13: 978-962-7048-98-5

Original Edition "With Open Hands"

Published by Ave Maria Press

Printed in Hong Kong

刷次	14	13	12	11	10	9	8	7	6
年份	2029	2028	2027	2026	2025	2024	2023	2022	2021

目錄

前言

本書的內容是經過一個頗長的醞釀期，一點一滴地凝聚起來的！起初我嘗試對一些有關個人禱告的經驗作反省，因為我認為除非我能解答一個問題——「我透過禱告獲得了甚麼？」否則我不能寫一些關於禱告的文章。我漸漸發覺禱告與靜默、接納、盼望、憐恤，甚至革命都很有關係。於是我繼而小心地去尋索一些概念和形象，來表達我對禱告的體會，這也包括我所經歷過或我希望能經歷到的。

以上的體會究竟對別人有甚麼意義呢？我的體驗是否十分個人化，而適宜讓它埋藏在心內？或者那些在心靈深處的個人體驗，對我來說是眞確的；對於別人來說亦同樣會有意義呢？最後我相信就算是最個人的體會，亦同時是最容易引起別人共鳴的。雖然如此，在作出這種肯定之前，我仍需要朋友的協助，因為這些朋友能幫助我分辨甚麼是短暫的激情，和甚麼是深刻的體驗！

以上的認信，驅使我邀請了二十五位神學生組成一個小組，協助我作初步的探索及進一步了解禱告的含意。在我們所舉行的七次聚會裏，我們甚少進行討論或辯論，反而較多分享生活體驗。漸漸地，在過程中，這種我們稱爲禱告的虛幻現象愈來愈成爲更容易理解的現實。

本書的寫成並非某個作者的功勞，乃是上述的小組成員經過多個小時的深入溝通，甚至可稱爲多個小時的禱告，把其中無數的經驗分享煉淨而成的。我希望書中對禱告的反省，使更多人認識自己，證明這本書所表達的，是遠遠超越這一小撮同學所描述的經歷和期望。我希望讀者能辨認出絕大部分的寫照都是他們對生活的迴響。

序論

緊握雙拳

祈禱絕不是一件輕易的事。它需要你與另一個人建立一個心靈緊密相交的關係，讓他進入你心靈深處，向你傾訴、觸摸你脆弱的心田及認識那躲藏着的你。你何時才願意建立這種關係呢？或許你會讓別人闖進你心扉向你訴說一番，觸摸一下；但是若果讓他進入塑造你生命的隱密處時，那是一件既感到危險又觸發你自衛的事呢！

人抗拒祈禱就正像他抗拒舒展緊握的雙拳一樣。這個比喻勾劃出，一個人由於渴望依靠自己和壓抑恐懼而引起的緊張情緒。一位被帶到精神科治療中心的老婦正好是這種心態的實例。她舉止狂莽，不停地胡亂舞動屋內的物件，令旁人都感到惶恐，逼使醫生把她與一切物件隔離，但她卻把一個小錢幣緊握在手，要由兩位男士才能張開她的拳頭。她緊握錢幣，好像失掉它便會同時喪失自己一樣。如果連她僅有的都被奪去，她便一無所有，也失卻一切生存的價值和意義了。這正是她所恐懼的。

首次探索單憑信心禱告的人，必須舒展他緊握的雙拳，和放棄他手中的最後一個錢幣。又有誰願意依樣付諸行動呢？當你第一次嘗試如此祈禱，你通常會有一個痛苦的經歷。因爲你發現你不願意交付一切，你會緊緊抓着你所熟習的一切，包括那些你並不引以爲榮的。你發現你會對自己說：「我就是這般模樣；雖然我也希望能有所改變，但還不是現在呢！就是這般模樣，因此將來亦會是如此！」當你這樣說，其實你已失卻你對生命會有所改變的信念，也讓這樣的一個希望在你身邊悄悄地溜走了！因爲你沒有勇氣面對自己。你不敢向自己的經歷和它們所牽動的情感提出質疑；而你就讓事情的終局捆鎖着自己罷了！你寧願緊緊懷抱着惋惜的過往，而不願意冒險投靠一個嶄新的未來；所以你就讓你雙手握滿了小錢幣，就是那些你既不願意放棄而又冷又黏手的小錢幣。

你仍因那女孩對你的施予毫不表示感激而苦

惱；仍因那傢伙的薪酬比你高而嫉妒；仍想向那個不敬重你的人報復；仍因收不到任何信件而失望；並仍因你走過那女子身邊時她沒有向你微笑而含怒。在這些情緒起伏中，你依樣生活下去，你毫不理會它們，好像它們從未曾打擾過你似的。直至那一刻你想爲此而禱告時，你才發覺每一種情緒都重新在你心內湧現：苦惱、仇恨、嫉妒、失望及報復的念頭。你發現它們不單仍存在你心內，你其實是把它們緊握在手裏，正好像你懼怕失去的財寶一樣。你重新咀嚼這些往日的苦澀味；好像你不能失去它們似的；又好像你如果放棄它們，你就會同時失卻自己一樣。

「分離」通常指擺脫一些具吸引力的事物，但也可用來形容不能擺脫令人反感的事物。你可能不能擺脫你自己的仇恨。如果你仍想報復的話，你會不斷關注着你的過往。有時你似乎在報復和仇恨中失卻自己，致使你雙拳緊握地站着去拒絕希望醫治你的人。

因此當你想禱告時，第一個你應反問自己的問題是：「我如何能張開我緊握的雙手呢？」當然這決不可能是透過暴力，也不應該是一個強逼性的抉擇。或許你可以從天使對驚懼的牧羊人所說的話，正如復活的主對祂的門徒所說的話：「不要懼怕！」得到一些啓迪。你不要懼怕祂，祂只希望進入你生活的空間，或看看你手中緊握的到底是甚麼。你不要懼怕向祂展示你那又冷又黏手的小錢幣，因爲你能藉它換回來的，其實是那麼微不足道呢！你不要懼怕向那以愛顯明自己的，表達你的仇恨、傷痛和失望。就算你察覺你值得向祂展示的是那麼微小，也不要懼怕，就讓祂看清楚你的眞我吧！你發現你原來不斷在美化自己、隱藏一切汚點或腐敗、更打理出一條看似清潔無瑕的「心徑」，企圖蒙騙別人；但這只是在强逼和受壓抑的情況下所產生的虛假現象，而且這亦會耗盡你的精力，並使禱告變成苦痛。

當你敢於拋開和捨棄你心中的某些恐懼時，你的雙手會舒展，你的手掌也會張開，恰似期待着有所領受似的。當然，在你雙手完全打開和肌肉完全鬆弛之前，你必須忍耐一下。

你幾乎不可能長久地全然持守這種鬆弛的心態，因爲在一個緊握的拳頭背後隱藏着另一個拳頭，並且這種掙扎的歷程似乎是無止境似的；在你生命中所發生許許多多的事情，導致這些拳頭不止息地湧現……甚至在未來的任何一個時刻，或在早晨，或在晚間，你可能會再次因着恐懼而緊握你的雙手。

有人會對你說：「你必須饒恕你自己。」但這卻是一件不可行的事。你只可坦然無懼地張開你的雙手，讓另一個人吹散你的罪疚思緒。或許那並不是一個又冷又黏手的錢幣，而只是些輕風可吹散的塵垢，再剩下的不過是一點會心微笑。繼而，你感受到一點點從未享有過的自由，禱告也因而成爲一種喜樂，並且你能適然地回應周圍的世界和人物。這樣禱告會變爲一件毫不費力、令人得激勵和生機、或感覺平和及寧靜的事；然後你在禱告的時刻認識到那份喜樂和謙卑，更開始去思慮一件事——禱告就是生活！

第一章

禱告與靜默

「這靜默是屬於平安和禱告的靜默，因爲在靜默中你被帶到那一位引領者的面前。」

我們都知道禱告與靜默是有連帶關係的；但是，當深入思考在我們生命中的靜默時刻，就不難察覺到靜默不一定帶給人平和的感受，它也可以使人感到驚恐的。

一位曾對自己生命中的靜默時刻，作過一番深思的同學，寫了以下的一首散文詩：

靜默就是黑夜
正如有些黑夜
沒有月亮和羣星
當你獨自一人
完全孤單
當你被詛咒
當你變爲毫無用處
一樣任何人都不需要的東西——
所以靜默也有不同種類
有的帶威嚇性
因爲並沒有甚麼

只有靜默
那裏不可能有甚麼
只有靜默。
縱使你豎起你的雙耳
睜開雙眼
這種靜默依然瀰漫着
完全沒有希望或可解脫的。
黑夜裏沒有光，沒有希望
我只是獨個兒
沈溺在自己的罪疚中
得不着赦免
得不着關愛。
然後，我拚命去尋找
朋友
當我在街上走動時
只找到一個身軀
一個標誌
一種聲音

卻得不到甚麼。
但仍有些黑夜
那裏有羣星
有圓月
有從遠處的屋子裏
透出的光
和一份安寧、沈思的靜默
從一間無人的大教堂裏
發出來的雀鳥聲
這時候我的心靈就渴望歡愉地
歌唱
這時候我感到並不孤單
這時候我期待着到訪的
友人
或回想起
近期所讀過的那詩中的
數個字詞
這時候我沈醉於聖母頌

或詩篇的深沈朗誦聲中
茫然失卻自己
這時候我就是我
而你也就是你
這時候我們並不害怕
對方
這時候我們就讓天使引領我們的
對話
就是那位帶給我們靜默和安寧的
天使。

靜默正如黑夜一般有兩種不同的類別，有令人感到驚恐的，但有令人平和的。對於大多數的人來說，靜默是使人驚恐的。他們在靜默中會不知所措。如果他們離開城市的噪音，然後到達一個地方，沒有汽車的隆隆聲、渡輪的號角聲、列車的轆轆聲、沒有收音機或電視機的嗡嗡聲、沒有唱片或聲帶的播放聲，他們會感到整個身軀被一股極不安的情緒緊緊抓着。他們感到自己好像一條被安放在旱地上的魚兒。他們迷失了方向。有些學生如果沒有音樂像堅厚的牆壁環繞他們，他們是無法溫習的。如果他們被逼坐在一個沒有聲浪繚繞的房間內，他們會慢慢地感到神經緊張。

因此，大多數人都以爲眞正的滋擾是靜默。從前我們在靜默中感覺舒暢，而大量的喧鬧聲滋擾我們。但如今我們在噪音中感到泰然，而令人詫異的是，靜默卻成爲眞確的滋擾。因此，覺得靜默是滋擾的人，會覺得禱告是一件困難的事。

我們已經與靜默疏離。如果我們到海灘或樹林野餐，耳筒收音機經常是我們首要的同伴。或許我們應該承認，我們不能忍受靜默裏的迴響 (the sound of silence)。

靜默充滿迴響——有輕風流動，樹葉擺動、雀鳥鼓動翅膀和海浪擊打涯岸所發的聲響。就算我們聽不到上述的聲響，我們仍該聽到自己呼吸、磨擦雙手或吞嚥唾液時所發的微聲，還有低沈而急促的腳步聲。可是我們對這些靜默裏如雷震耳的靜默竟充耳不聞，好像沒有擴音器從旁協助，我們就無法聽聞似的。

如果有人被邀請離開這些城市的噪音而進入靜默中，這常是一個令他吃驚的建議。他會感到自己像一個小孩目睹四面的牆壁倒塌，而猛然發現自己是身處寬闊的田野；或像一個被人用暴力撕脫她身上衣裳的婦人；或像一隻被拖出巢穴的雀鳥。他的雙耳卻因着聽不到所熟習的聲響而開始感覺疼痛，他的身體也需要那些聲響，正如需要一張柔輭的毛氈保暖一樣。那個被帶進靜默裏的人會經歷一個痛苦的過程，就恰似一個吸毒者在戒除毒癮時所經歷的一樣。

任何人要擺脫周遭的喧鬧聲並不容易，但更困難的是完全進入內心的靜默裏——一種能帶動人超越自我的心靈靜默。一個被喧鬧聲圍困的人，似乎是已經和自己的內心世界脫節。他無法解答內心的種種疑問；無法清理內心不肯定的感覺；無法疏導混亂的慾望；亦無法理解紛亂的情緒。因在他心裏只剩下一團紊亂不堪又混淆不清的情感。他從來沒有機會去處理這些情感，因爲他的注意力經常被分散，被要求得到他一切注意力的世界所分散。

因此當人遠離日常的喧鬧聲後，會發覺有另一種聲音出現。這絕不是一件奇特的事。這聲音其實是一種發自那團藏在內心的混亂情感的求助呼聲。一個人雖然身處寧靜的房間，仍未能體會內心的靜默，這是因爲當沒有人和他交談，亦沒有人聆聽時，他心裏會浮現一連串幾乎無可壓抑的爭議；許多未解決的疑問不斷湧現、不同的關注互相衝擊、不同的控訴彼此抗衡——它們都爲了得着聆訊而發出呼求。有些時候，人面對一團無法處理的凌亂思緒，便會感到無能爲力。

我們會否爲了避免直接面對內心的纏慮，而將注意力放在身旁的不同事物上呢？「當我完成這一切工作後，我應該做些甚麼呢？」這個問題驅使很多人逃離自己，並抓着任何事物，要使自己感到仍然忙碌非常。正恰似他們在反問自己：「當我沒有朋友可攀談，沒有音樂可聆聽，沒有報章可閱讀，沒有電影可觀看，那麼我該怎辦呢？」其實，問題的癥結並非人是否在沒有朋友或娛樂時仍然能夠生活下去，而是很多人都不能夠忍受在孤獨、雙目緊閉、腦海裏的雜聲被漸漸淡忘的情況下，既平靜又毫無波動地坐下來。

人在平靜又毫無波動的情況下獨處，與在睡夢中的狀態是截然不同的。其實，它是指人完全清醒並能眞確地感受到內裏的一切波動狀態。它含有自律的成分——人若有衝動站立起來，到別處尋覓一些簡直是唾手可得的事物時，這種衝動會被視爲是一種誘惑。它也含有自由的成分——人可在自己的心園中漫步，並用耙子清除落葉，以便容易尋找當行的路。我們起初進入這個「陌生的園地」時，會感到十分恐懼和不安；但漸漸我們必能察覺到一種規律和親切感孕育出來，這感覺會召喚出我們留在家的渴求。

有了這新的信心，我們可重新開始捕捉我們自己的生命。隨着我們對「心園」有了新的認識——我們曉得在那關愛與怨恨、溫柔與苦痛、饒恕與貪婪等各種不同的情感得以隔離、强化或改造的地方，有那溫柔的手在掌管一切。這是那園丁的手。他能小心翼翼地騰出空間，讓一棵新的幼苗成長；也不會鹵莽地拔掉園中的雜草；而只會將那些令幼嫩生命受到威脅的野草連根拔除。在他體貼的管領下，人能夠再次在自己內心的家園作主人：無論在白天或晚上，在清醒時或睡夢中都能在自己的心園內作主人，因爲那人不單擁有白天，亦同樣擁有晚上，對那人來說睡眠不再是一團陌生的漆黑，而是友善可親的簾子，背後仍不斷浮現不同的夢，所散發的信息叫人能存感恩的心去接受。那人在夢中所踏遍的路徑，正如他在清醒時所踏遍的一樣，都是那麼確實可信的，再毋須恐懼。

如果我們不躲避靜默，以上一切都可能發生。

但這並不是一件容易的事，因爲在我們外面的繁囂聲會不停地分散我們的注意力，而在我們裏面的不安思緒亦會繼續牽動我們的焦慮。很多人會感到被困在這種誘惑和恐懼中。由於他們不能進入自己內在的心園，便在周遭的聲響中找尋安寧，即使他們知道這樣是徒然的。

但每當你眞的進入靜默時，你會感到你好像接受了一份禮物，一份確實是帶着「應許」的禮物。這靜默的應許是新生命的誕生。這靜默是屬於平安和禱告的靜默，因爲在靜默中你被帶到那位引領者的面前。在這靜默中你再沒有那種被壓逼的感覺，並發覺你是一個在任何人和事下都能活出眞我的人。

然後你發現你能夠做很多很多的事情，但這並非是必然如此的。這靜默是「心靈貧窮」者的靜默。在靜默中，你學習到用正確的態度領會自己的生命。在這靜默中，一切的虛飾會漸漸消逝，而你可以再次從某個距離去洞悉這世界，並且在你所關注的事物中，你能與以下的詩人作同一的禱告：

「若不是耶和華建造房屋，
建造的人就枉然勞力；
若不是耶和華看守城池，
看守的人就枉然儆醒。」

詩篇一百二十七篇1節

第二章

禱告與接納

「或許福音對我們作出的挑戰，正正是邀請我們接納一份禮物，是我們無以爲報的。」

當我們全然投入靜默裏，我們會明白禱告就是接納。當我們禱告時，我們是站立而雙手向世界舒展。我們知道從環繞着我們的自然界裏，從我們結識到的不同人物的身上，從我們所遭遇的種種情況下，神會彰顯祂自己。我們相信這世界隱藏着神的奧祕，並且期待那奧祕會向我們顯明。禱告能營造一種開敞的空間，在當中神將自己交給人。其實神一直希望交付自己，爲祂所創造的人捨己，甚至懇求進入人們的心坎內。

但是這種開敞的空間，並不輕易而來，還需要我們承認——向神是有限制的、需要有所依靠的、輭弱的、甚至是有罪的。每當你禱告時，你要表明你不是神，也不想成爲神；表明你並未達到你的目標，也永不能在此生達到這目標；因此你必須不斷空舒雙手及等待那白白賜予的生命；若要持守這種態度，會是一件困難的事，因這態度會使你變得脆弱。

這世上的智慧是一種發出下列呼聲的智慧：你最好站穩，緊緊抓着你現今眼前所擁有的一切，並且把它們緊靠你身旁，以免其餘的人從你處把它們奪去；你也必須防避別人的埋伏。如果你不攜械、不握着拳頭去爭奪你所需要的一丁點兒——食物和棲身之所，那麼你不過是自甘過一個衣着及生活貧寒的生涯，並且你最後會發現自己的個人滿足感是極之有限，而別人卻不會欣賞你對他們的那份慷慨之情。假若你舒展雙手，他們便用重鎚把釘子加在你的雙手上！聰明的人常常是全身肌肉拉緊和雙拳緊握地作高度的戒備，而明智的人更經常爲着難以預測的襲擊作好準備。

人的內在生命景況就正如以上的描述一樣。如果你想培養平和的思想，你必須抱着一個開放和接納的心態。你能夠這樣做嗎？你敢嗎？懷疑、嫉妒、仇恨、報復、憤怨和貪婪等都在你還未辨認清楚它們之前，早已存在。「他究竟想做甚麼？」

「他腦裏其實想些甚麼？」「他不可能向我表白一切？」「那些評語的背後必定有更深的含意！」這等感受經常在我們未整理好自己的思念以前便浮現出來。在我們裏面早已有所戒備——「小心！好好定下謀略和緊握武器！」因此，和平的思想不單遠離我們，並且令我們覺得危險和不切實際。你心裏在想：「那些不把自己武裝起來的人應該爲他們的淪落而負責！」

當你的心境是如此時，你又怎能期望得着一份禮物呢？你又怎能想像你的生命會有所改變呢！難怪禱告竟然會是這般困難的事，因它需要你隨時願意放下你的武器，放棄叫你與人保持距離的感覺。它需要你在生活中不斷等待那位能使一切更新、能使你重生的神。

當人能開放自己去接受一切爲自己而預備的禮物時，便成爲一個眞眞正正的人。

當受惠者依靠施予者的意願，施予便很容易變爲一種操縱別人的手段。

當你施予時，你便成爲操縱那境況的主人，你能將物品施予那些你認爲配得的人；你能控制那環境，並能享受你財產所賦予你的權力。

接納卻是另一回事。當我們接受一件禮物時，我們是容讓別人闖進我們的世界和容讓他們在我們的生命中佔一席位。如果有人送一幅油畫給朋友，其實是期望那朋友在家中騰出一個安放的空間。禮物只在被接納後才可稱爲禮物。當禮物被接納後，它們會在受禮人的生命中佔一席位。很多人會盡快回禮，這是一件容易理解的事。因爲如此，授受兩者之間的關係能保持一個平衡，而任何的依賴關係亦會因此解除。故此，人與人之間常見的是交易而並非接納。人們大都在收禮物時感到局促不安，因爲他們不知道應如何回報。他們通常會說：「這使我必須作出回報了！」

或許福音對我們作出的挑戰，正正是邀請我們接納一份禮物，是我們無以爲報的。因爲這禮物是神生命的靈氣，是聖靈透過耶穌基督向我們所傾注的。這生命的靈氣讓我們從恐懼中得着釋放，並賦予我們新的生活空間。那些在禱告中生活的人恆常預備接受神的靈氣，讓他們的生命得以更新和舒展。相反地，那些永不禱告的人，卻像染上氣喘病的孩童，呼吸困難，整個世界在他們眼前都變得枯萎。他們爬到一個角落去喘息，實在是身陷苦境。但那些禱告的人向神開放自己，並且能自由地呼吸。他們站立起來、舒展雙手，並從他們躲藏的角落走出來，自由地、無所畏懼地在這世界穿梭闊步。

那些禱告的人，能再次自由地呼吸舒展，能自由地、無懼地往返自己嚮往的地方。

當人依賴神的靈氣而生存時，便會欣然認識到同樣的靈氣也潛存在弟兄姊妹的肺腑中，這也是大家生活的源頭。這種互相體認令雙方的恐懼感消失、令雙方的嘴唇掛着笑容、令手上的武器滑落地上、令大家雙手向對方延伸。能辨認出別人心裏有神的靈氣，便能容讓別人進入自己的生命中，和接納別人所送的禮物。這便容讓別人可享受施予的喜樂。

在我們這年代，要能享有上述的心態是一件困難的事，這種困難是由以下一段現代人自白而來的：「接納禮物會令我有一種依賴的感覺，我平日並不習慣有這樣的感覺。我習慣處理自己的事宜，我也高興能夠勝任。每當我接受禮物時，我其實並不知道應如何處置。好像我已不能夠掌管自己的生活一樣，而感到不舒暢。其實我這樣說是愚笨的，因爲我不肯讓別人得着我自己想擁有的，我不肯讓他們得着施予所帶來的喜樂。」

但當你發覺有人眞的完完全全接納你，你便會付出一切；那時，你便發現在施予的過程中，你所付出的比你想像自己擁有的更多呢！

然後我們亦能和Simon and Garfunkel同唱：

這是我給求問者的歌曲
只要向我求問，我便彈奏
那麼甜美，我會令你展眉
這是我給提取者的調子
拿去吧！勿轉身離去
我已等了整整一輩子
只要向我求問，我便彈奏
那藏在我裏面的一切愛意。

在這種類似禱告時所產生的彼此全然接納的情況裏，並不容讓偏見存在，因為我們不再測度別人，反而容讓他們以不斷更新的姿態出現在我們眼前，然後我們才能彼此對話和心連心地分享生活體驗。一位同學曾這樣寫：「一段美好的對話是一個過程；在過程中雙方彼此給予對方生命和意義活下去、一起慶賀、一起悲痛，和互相激勵。」

禱告的眞義是指我們向神表示接納——接納祂是常新的、不同的神，因爲神是一位心靈比我們更受感動、更廣闊的神靈。在一位常新的神面前，用開放及接納的態度來禱告使我們得着自由。在禱告的過程中，我們其實是在朝聖的路上，向前邁進。在途中，我們會遇見更多的人物；他們會向我提出一些關乎我們所尋覓的神的事。我無法得知我們是否已來到祂面前。但我確實知曉祂是常新的，而我們亦毋須恐懼。

一個願意祈禱的人是一個有勇氣伸出雙手，容讓別人引領的人。耶穌託付彼得照顧祂的信徒後，便對他說：

「我實實在在的告訴你，你年少的時候，自己束上帶子，隨意往來，但年老的時候，你要伸出手來，別人要把你束上，帶你到不願意去的地方。」

（約翰福音二十一章18節）

關懷你的同胞是表明你的接納程度在增長中。這種接納驅使耶穌和祂的門徒前往他們不願意的地方去——十字架。這也是一個祈禱的人要走的路。當你在年少還未成年時，你會想把一切都掌握在自己手中；但如果你在禱告中舒展你的雙手，你便能伸出雙臂，容讓別人引領你到那未知之地。縱然你所能看到的唯一標誌只是一個十字架，你確信神的靈氣能給予你一種引向新生命的自由。

但是對一個願意祈禱的人，十字架已失卻它可怖的特性。

第三章

禱告與盼望

「一個對未來無所期待的人是不能祈禱的。」

在禱告的靜默裏你可以伸展雙手去懷抱大自然、神，和你的同胞。這種接納不單表示你已作好準備去察看自己任何的極限，並且你正期待突破的來臨。因此，每個禱告都表徵着盼望。一個對未來無所期待的人是不能祈禱的。他會引用白本度(Bertold Brecht)的語句說：

「正如事情現在是這般的，它也將會如此，我們所要求的是永遠不可能實現的。」

在這人看來，生命是停滯不前的。按靈性說，他是死的。惟有當你不再全然接納事情的現況，並且你向前瞻望那還未實現的事情，那時，你的生命才活過來，才有生命的動感。

但是如果你仔細思想，其實我們在禱告中是有所要求的過於有所期待的。並且我們甚難在禱告中擺脫這種心態。大部分時間，只當在短暫的時刻中、特殊的情況下，我們才談及禱告。當戰爭爆發，我們會為和平而祈禱；當有旱災，我們會為降雨而祈禱；當我們度假，我們會為晴朗的天氣而祈禱；當考試將臨，我們會為考取合格的分數而祈禱；當朋友抱恙，我們會為他早日康復而祈禱；和當某人逝世，我們會為他能享永遠的安息而祈禱。我們的禱告和我們的生活息息相關，以及與那些每日令我們忙碌的事物交織在一起。我們心裏所充斥的，我們便會在禱告中一一說出來，這同樣是真確的。

我們的內心亦充滿了極多既明確又實質的慾念和期望。媽媽希望她的兒子會準時回到家裏，爸爸希望他能獲得晉升；一個男孩子夢見他所愛的女孩子，而那孩童思念有人答應送給他的單車。我們往往關注數小時、數天或數星期後的事情，數年後的事卻甚少想及。對於遙不可及的事情，我們委實難以想像。因爲我們身處的這世界，令我們的注意力集中在此時此地所發生的事情上。如果我們祈禱，認眞地祈禱的話，我們總是關注那一刻大大小小的事情，它們塡滿整個禱告，禱告便變成了一連串的要求。

這種請願式的禱告往往受到某程度上的輕視。我們有時會認爲它比不上感恩式的禱告，更比不上讚美式的禱告。請願式的禱告被認爲是較自我中心的禱告，因爲禱告者把自己的利益放在首位，並嘗試爲自己爭取一些東西。感恩式的禱告被指爲較以神爲中心的禱告，雖然禱告與祂所給予我們的禮物有關。而讚美式的禱告是單單指向神自己，它與我們是否能從祂得任何禮物完全無關。

但問題是這樣的分別對我們在認識禱告方面會否有幫助呢！要緊的並不是將禱告分爲請願式、感恩式或讚美式，而是究竟禱告是基於盼望還是小信。

當你緊抓着具體的現況去贏取某種安全感，你的禱告便是小信的。當你在禱告中充滿着要即時實現的祈願，那麼，你便是憑着小信禱告。這種希望祈願實現的禱告，就像期待着聖誕老人滿足某些既定慾望的童真。當那禱告不蒙垂聽時，即當你得不着想要的禮物時，失望，甚至不快和苦惱的情緒便會湧現。

所以，基於微小信心的禱告會帶給人恐懼和焦慮，這是可以理解的。如果你像一個小信的人爲着健康、成就、晋升、和平或任何事物而祈禱，你便太執着自己的要求，而你所期待的禮物沒有出現時，你便感到遭受冷落。你甚至對自己說：「看！我早已告訴你這是不行的。」在這小信的禱告中，那些禱告太具體，把盼望的可能性都除滅。在這禱告，你想確定一些未曾確實的事情，你更開始有以下的想法——一鳥在手勝於二鳥（甚至十鳥）在林。在這禱告中，你請求的目標是得到你所要求的東西，甚至不惜用盡任何的方法，而你的思念絕非集中在那個能否使你的願望成眞的人。一個小信的人祈禱時，就好像一個想從聖誕老人處得着一份禮物的孩子一樣；但當他把雙手放入布袋的一刻，卻又因着恐懼而立時逃跑。他寧可不再與那個長滿鬍子的老年人有任何交往；他的注意力全都集中在那份禮物上，從未停留在那位送禮物的人身上。這正恰似你繫上蒙眼布，而你屬靈生命的旅途卻因此萎縮成爲一條通往你想得到的事物的捷徑。

正因為小信的人這樣熱切地去安排自己的未來，其實是把自己與那將要來臨的一切隔絕。他沒有耐性去期待那些不明確的應許，亦沒有信心去等待那些暫時看不見的未來。因此當小信的人祈禱時，這禱告是一個沒有盼望的禱告，同樣這禱告亦是一個沒有絕望的禱告；因為只有那曉得甚麼是盼望的人才可能會感到絕望。

小信的人所作的禱告是經過小心籌算的，甚而是吝嗇的，並且會因着任何一個冒險而有所改動。那裏沒有面對絕望的危險和盼望的機會。那人變為一個萎縮世界中的一個侏儒。

盼望和慾望的重大分別可以在以下一個學生所抒發的呼聲中略見一斑：「我認為盼望是一種容讓眼前事物能有任何發展的心態。在這種心態下我並非對自己的前途毫不關注，而是對前途抱有一種截然不同的看法。我有勇氣去迎接今天、明天、兩個月後或一年後會發生在我身上的一切，這就是盼望：我毫不懼怕地投身於那毫不知情的將臨的境遇中，就算在第一次的嘗試中面對挫折仍然繼續向前走，並憑着信心繼續投身所做的工作中。」

一個懷着盼望的人，不會因着願望如何實現而被思慮纏擾。所以他的禱告不會指向那份禮物，而是指向那送禮物的一位。他的禱告仍會包括很多願望，但他最終所關注的問題，並非是那願望能否實現，而是向那位一切美善的施予者表達無盡的信心。你願望……但你盼望……在存着盼望的禱告中，你必須棄絕任何保證、任何條件、任何證明，只是從那人身上期望得着一切，而並不在那人身上加諸任何約束。盼望是建基於一個前提上，就是那人所施予的盡是美善的。「盼望」包括人抱一種通達開朗的心懷，去期待那人的愛心應許得以應驗；縱使你從不知道那應許會在何時何地及如何應驗。

或許，從長遠的角度來衡量，一個嬰孩對母親的依附更能精確地描繪盼望的禱告。那嬰孩整天發出不同的要求，但他對母親的愛意並非建立在母親能滿足他的願望的事實上。那嬰孩知道母親只會做一些對他有益處的事情。雖然，如果事情的發生與他心意不配合時，偶然會有雙拳緊握的時候和短暫的陣怒，但他仍然堅信，母親只會做令他得着最大益處的事情。

存着盼望而祈禱的人仍會作出很多的要求；他會作出多方面和具體的要求，好像晴朗的天氣和得着晋升。這種具體的層面反而是一個眞確的表徵，因爲如果你只要求有信心、盼望、愛心、自由、快樂、謙遜、謙卑等，而不轉化爲日常生活具體而困難的事物，你大概仍未眞正讓神參與在你的眞實生活中。但如果你存盼望而祈禱，這些具體的要求只不過是一些表達你對祂無窮盡的信靠的方式。祂是那位會令祂的一切應許應驗、那位只給予你最好的、和那位不爲自己打算而只樂於與你分享祂一切美善的神。

如果你存着盼望而祈禱，那麼，你便能突破死亡的障礙。那時，你再不會想知道你死後會變成甚麼樣子，天堂究竟是甚麼一回事；你如何能享受永生；或復活的主會怎樣顯現。你不會讓不同的白日夢分散自己的注意力，在那些白日夢裏，互相抵觸的願望似乎都得到實現。而當你存着盼望祈禱時，你是轉向一位帶來應許的神身上，你單單知道祂是一位信實的神便已足夠了。

這盼望能賦予你一種新的自由，你可因而對生命作一個現實的透視，而同時不會因此感到悲傷。這種自由可從以下某人所寫的字句中呈現出來：

「盼望是指，在絕望的圍困中
繼續活下去
和在幽暗的環繞中
繼續哼唱下去。
盼望是明白到有愛
是仰賴明天
是睡着了
當太陽升起時
又醒過來。
在海上的巨風浪中
找着陸地。
在別人的眼裏

看出他對你的諒解。

……

只要那裏仍然有盼望
那裏仍有禱告。

……

並且神會把你懷抱
在祂的兩手裏。」

這樣，每一個祈願式的禱告會變爲一個感恩和讚美的禱告，這正因爲這是一個存着盼望的禱告。在這滿有盼望的祈願式的禱告中，我們爲着神的應許而感謝祂，我們並爲着祂的信實而讚美祂。

我們極多的要求都只會變爲一個具體的簡單信息，以表達我們深信神是樂意與我們分享祂美善的豐盈。每當我們存着盼望去祈禱時，我們是將自己的生命放在神的手中。恐懼和焦慮會漸漸消退；並且我們所得着的一切和所失的一切，都只不過是一個直指着神現今仍隱藏的應許，而這應許的豐富是我們將能完完全全嘗透的。

第四章

禱告與憐恤

「『憐恤』是指有膽量去承認我們共同的命運，
以致我們能一同向神展示我們的天地邁進。」

如果你要有一個將來，那將會是一個與他人在一起的將來。一個有盼望的禱告，是一個令人摒棄一切個人的防衞和遠遠衝破你個人渴望的極限的禱告。當我們仍然將禱告視爲一個與我們同胞毫不相關的活動時，我們斷不能談及禱告。使徒約翰說：「人若說『我愛神』卻恨他的弟兄，就是說謊話的。」（約翰壹書四章20節）耶穌說：「凡稱呼我主啊、主啊的人，不能都進天國；惟獨遵行我天父旨意的人，才能進去。」（馬太福音七章21節）

禱告永不可能是反社會的或無社會的。每當你祈禱而忽略你的同胞，你的禱告便不是眞正的禱告。但這並不是那麼界線分明的一回事。有很多人說：「與其爲你的同胞祈禱，不如去爲他們做些事吧！」現在，我們若然認爲人們在彼此代求的事上花費太多時間，以致沒有甚麼作爲，那麼我們實在是言過其實了。但是禱告因沒有效用而被勾銷也是一件平常的事。而「我會爲你代禱！」的語句通常被視爲沒有多大意義，卻非表徵一個眞正的關懷。

在現今活躍和精力充沛的人的思維裏，禱告和生活已變爲兩件互不相干的事。若要把兩者連繫在一起是一件幾乎不可能的事情呢！於是這便帶出一個核心問題：你的禱告怎能眞正與你同胞的幸福扯上關係呢？又怎能應該「恆切祈禱」？和禱告又怎能是「必需」的呢？只當我們有一個最正確的界定時，這問題的重要性才會顯明出來。問題的重要性不在於何時或怎樣祈禱。問題的關鍵在於你應否常常祈禱和你的禱告是否必要的。基於上述情況，祈禱所得的效果將會是全然得勝或是一敗塗地。如果某人說只有在空出來的一分鐘才向神祈禱是未嘗不可；或他贊同一個有困難的人，用禱告來應急；這樣的一個人其實是承認祈禱只在他生命的邊際，也是無關痛癢的。

每當你感到稍作祈禱不會帶來甚麼害處，同時也發現不會帶來甚麼益處。當你感到禱告是必要的和不可缺少的，那時禱告對於你才是有意義的。只有當我們覺得沒有禱告就再不能活下去，那時，我們的禱告才算得是眞正的禱告。這怎能在現況出現或怎能成爲實況呢？引發我們找到解答這問題的詞語是「憐恤」。你想明白箇中的道理，首先要考查當一個人祈禱時，他會有甚麼的改變；然後你才能了解你怎能在禱告中與你的同胞相遇。

一個懷着祈禱的心觀看這世界的人，不會期望從自己身上獲得快樂，而會瞻望另一位將要來的人士。我們常常聽見人說一個祈禱的人會覺察自己的依賴性，並且他在禱告中表達他的無助。這一點是容易引起誤解的。一個在祈禱中的人不單會說：「我不能作這事和我不明白這事。」他亦會說：「啊！我自己並不一定有能力作成這事。啊！我自己並不一定要明白這事。」當你在第一個句子末停下來，你會常常在紛亂和絕望中祈禱；但如果你能夠加上第二個句子的話，你會感到你的依賴性不再是自己的無助，反而是抱着快樂的開放心態期待自己得到更新。

如果你把你的輭弱看爲一種羞辱，你便只會在有迫切需要時才依賴禱告，並且你會認爲禱告是你被逼承認自己的無能。但如果你把你的輭弱看爲令你值得別人關懷及愛護的因由時，並且你已常常作好準備，爲那另一人所給予你的能力而令你吃驚作準備，你會發覺靠着禱告生活是意味着與別人一起生活。

一個令你灰心的禱告難以被稱爲是一個禱告；因爲只有當你仍然假定自己能夠作成每一件事，假定從另一人所得的每一份禮物都是你自卑的證據，和假定你毋須再向另一人求助時才算是一個完美的人，你才會感到灰心。

一個消沈的人於每次經歷痛苦的挫敗時，都會感到羞愧和垂頭喪氣。最後，他因着致力證明能獨力成事所引發的張力而變得勞累和疲憊不堪。他失卻生命的活力，並感到愁苦。他的結論是，他的同胞是敵人和對手，他們甚至以機智勝過他。這種張力使他陷入極度的孤獨中，因爲每一隻伸出來幫助他的手都會被視爲是一種威嚇，威脅着他感受的那份榮譽。

如果你在禱告中向那另一位——神——傾心吐意，你便在尋找你生命裏的眞正平安。當神問那男人亞當說：「你在那裏？」亞當回答說：「我藏了起來。」（創世記三章9～10節）他並且承認自己的實況。這樣的自我剖白卻令他踏上通往神的路上。一個願意祈禱的人是一個能踏出他的庇護所的人，他不單有勇氣去面對自己的貧乏，並且得知毋須逃避任何敵人，那裏只有一位極之樂意用自己的外衣穿在他身上的一位朋友。

在祈禱中人確實需要承認，也就是認識自己是一個人的實況。但這種承認並不會引致羞愧、感到自己毫無價值或絕望等情緒，反而讓你發現——你不過是人，而神就是神。如果你緊緊地抓着你自己的弱點、自己的過失、缺點和你扭曲的過往、及你希望從你自己的歷史所刪除的一切事件、事實或處境，你只不過是躲藏在一個任何人都能看到你的樹籬後面。你所做的是把你的世界縮爲一個渺小的藏身所；在那裏你嘗試藏匿自己，並且很可憐地在懷疑每一個人一直都在注視着你。

我們祈禱是表明我們放棄一種虛假的安全感；我們不再在被推到困境時爲防護自己而找一些論據；不再將盼望寄情於那在你生命仍會浮現的一兩次輕快的時刻。祈禱是表示我們不再從神那處祈望得着偏狹胸襟，那只從我們身上發現的。祈禱就是在神的榮光中行走，並且毫無保留地說聲：「我不過是人，而祢就是神。」就在這一刻，就是悔改的一刻，那種眞確的關係也得以重建起來。人並不是一個偶爾犯錯的人，而神亦並不是一個偶爾饒恕的神。不，人是罪人，而神就是愛。悔改就是帶着悅人的質樸、息怒的率直，明明的透露這個事實。

悔改也帶給你一種輕鬆的狀態，讓你在饒恕的神懷抱裏再一次安然呼吸和得着安息。這種經驗帶給人一種寧靜和純樸的喜樂。那時你可以說：「我並不知道答案，我並不能作這事，但我毋須明白這事，也不必有作成這事的能力。」這種新的認知是一種解放，讓你找到通往受造物的途徑和容許你在展現眼前的樂園中自由自在地玩耍。

一個祈禱的人不單可在禱告中找到自己和神，他亦在這同一相遇中找到他的鄰舍。在禱告中，你不單公開承認人是人而神是神，並且你的鄰舍亦是你的同胞，就是那位在你身旁的人；因爲如果你悔改歸向神，會引領你滑落到你本性最根源的境域，你會發現你並不孤獨：而作爲一個人是意味着與別人在一起。

當你有以上領會的那一刻，憐恤便會在你心裏滋生。這種憐恤的含意，不能用「可憐」一詞或「同情」一詞來涵蓋。「可憐」有與人保持一個太遠距離的含意。「同情」給人的印象，是只容許單獨的接近；「憐恤」卻絕無那份距離和排他的色彩。

「憐恤」包括不同的片刻。首先它讓你知道你的鄰舍，是一個與你有共同人性的人。你倆的夥伴關係能粉碎一切分隔你倆的屏障。跨越一切從地域和語言、富裕和貧窮、通曉和愚昧而生的障礙，我們仍屬一個身體，都是從同一塵土所造成、受制相同的規律、也注定要面對同一的終局。當你懷着這份憐恤時，你便能說：「在受壓逼者的面容上，我認出自己的臉孔；在受壓逼的雙手前我認出自己的雙手——那雙散發出無力和無助呼聲的手。他的身軀就是我的身軀，他的血液就是我的血液，他的痛苦就是我的痛苦，他的笑容就是我的笑容；在我裏面沒有甚麼是他會感到陌生的，在他裏面也沒有甚麼是我會無法辨認的。在我心坎裏，我曉得他渴望得到關懷及愛護；在我肺腑中，我能感覺到他那份殘暴。在他雙眸裏，我看見自己懇求寬恕，在他無情的皺眉間，我看見自己所作的堅拒。當他謀殺時，我知道我也能作同樣的事；當他延續後代時，我知道我也能。在我心靈深處，我遇上我的同胞；無論愛或恨、生或死，他絕不會感到生疏的。」

「憐恤」是指有膽量去承認我們共同的命運，以致我們能一同邁向神展示給我們的天地。「憐恤」亦表示分享別人的喜樂，這同與別人一起受苦一樣是困難的事。我們給予別人一個全然投入樂境的機會，並讓他的喜樂湧流至滿溢。但我們通常能做到的只不過是展示一個皓齒的笑顏，然後頗勉強地說聲：「那對你肯定有好處！」或「我爲你能作成這事而感到高興！」

但這種憐恤不單是分擔同樣恐懼的奴役和鬆一口氣的標記，也不單是一份共享的喜樂。因爲如果你的憐恤是在禱告中萌生的話，它是因着你遇見神——也是你同胞的神——而萌生的。當你全然領會那位神，就是想成爲你生命的神的那一位，而你亦讓祂與你接觸時，你會發現一種新的生活方式在你眼前展現，你能以新的目光去察看活在你身旁的人。你發現他和你一樣毋須感到恐懼，毋須躲在樹籬後面，也毋須擁有任何武器也可以做一個人。那很久沒有注意的「園地」也是爲他而設的。

悔改歸向神也表示轉向與我們在地上一起生活的人。農夫、工人、學生、囚犯、黑人、白人、弱者、强者、受壓逼者和那壓逼人的、病者和醫生、受折磨的和那折磨人的、上司和僕從——他們不單像你一樣都是人，並且他們亦一同蒙召，他們因此希望禱告蒙垂聽和讓神成爲衆人的神。

因此憐恤除去我們一切的自負，正如它除去我們那虛僞的謙遜一樣。它能引導你明白一切，在神的亮光中察看自己，並存着喜樂的心向人訴說自己所遇見的事是毋須畏懼的；又引導你看見那片容讓人自由開墾和得着豐盛收穫的園地。

但這並非如此簡單。它也涉及冒險的成分。因爲憐恤是指你主動地與另一人建立一座彼此心靈相通的橋梁，但你卻無從曉得他是否希望與人建立這種深交。你的同胞會由於屢次受挫而感到難過，因而不會希望從你處得着些甚麼。那時你的憐恤反而牽起敵意，你自己便難免酸溜溜的，並說：「你看！我早已告訴你，無論如何這是不行的。」雖然如此，植根於禱告的憐恤是可行的。因爲在禱告中你行事的原動力並非依靠自己的力量，也並非依賴別人的善意，而只單單來自對神的仰賴。因此，禱告基本上是一個從上面而來的呼召，讓你尋覓到你活在這世界的正確位分，及好好地安於這位分上生活下去。你能這般生活時，你不單發現你在這世上存活，而且你能與你身旁的人相遇，他們與你一起開墾和拓展一個新的天地。

第五章

禱告與革命

「基督徒的生活是一種革命性的生活，因爲基督徒已預設批判的態度，與世界保持一定的距離。縱使在一切的矛盾衝突中，他仍不斷提及新造的人和新的和平的可能性。如果沒有我們的話，這些都不能實現。」

當你的生活愈來愈變得像一個禱告時，你會發現你常常忙於改變自己，並且你對同胞的認識不斷加深。你亦會發現禱告是你處身的世界的脈搏。當你認眞地祈禱時，你會禁不住對世人所設法解決的重大問題不斷提出尖銳的質詢。你更擺脫不了一個意念，那就是需要悔改的不單是你自己和你的鄰舍，而是整個人類的羣體。這種世界整體的悔改是指一個「全然的回轉」，一個帶來更新的革命。

驟眼看來，「禱告」和「革命」這兩個相反極端的詞語，來自不同領域和截然不同類別的詞語，而把它們相提並論會極可能引起抗拒和不安的情緒。這種不安正好是一個起步點，因爲在我們這年代，一個不安的人比一個祈禱的人似乎會要求得着更多的關注。

這種不安和抗拒導致很多人作出激烈的反抗，並令他們感到迷惘和驅使他們抗議和示威——他們或會公然表示反抗，或不採取任何行動，或因逃避而進入一個麻醉於完全被遺忘的狀態中——這些肯定是一些深切不滿情緒的表徵，表示我們不滿被逼在這世界中生活。有些人卻希望提醒社會人士，記載在書本中的自由和正義的理想，而同樣地在每天生活中常被人踐踏遺棄。而有些人卻早已感到氣餒，並下了一個這樣的結論——人所剩下的唯一機會是退出這個混亂的世界，尋找和平與安寧。他們因感到厭惡轉而迴避身處的社會及其中的機構和策略。無論那人所作的是何種決定，或許他變成一個嬉皮士、優皮士、革命先鋒、造夢的溫和派人士，或許他爲着推動社會架構的改革而發出呼喊、或許他對浮過身旁的事物只報以憂鬱的冷笑，然而怨憤仍重壓着他心頭，這份情懷是旣强烈又容易覺察到的，或許它只被深深抑壓在一份消極冷漠情懷之下。在上述種種現象的浮現中，我們不難發現人們對另一個世界的渴求。現存的社會必須改變，社會內部的一切虛浮錯謬的架構必須全然消除，並由一種嶄新的架構所替代。有人把他所有的力量都投資在這場奮鬬中；另一人卻等待這另一世界的出現，正如他等待幽靈的顯現一樣，他也是無奈地在等待；又另一人卻憧憬將來的景象，並把自己融合在一個充滿聲音、色彩、形體的夢幻世界裏；至少他可以在這一刻裏假裝一切，包括他自己，都變成新的了。

最令人注目的或許是未來世界的異象，它的形成都完全脫離了基督教思想，這思想本來就是以未來為導向的。在這麻木不仁的世代，這些掌權者所呼求的一個新紀元、一個新天地和一種新秩序，似乎在基督教的傳統裏都找不着實質的根基。以往基督徒太忙於處理團體內部的問題和太多讓自我盤據自己的腦海，使他們不再察看到周遭的世人，而在基督教以外的人對救恩的需求正不斷增加的證據已愈來愈鮮明了。這種見解通常被基督徒視為幼稚、無稽和不成熟的。

只要你仍然在期待一個新的世界，
只要你仍經常對身處的社會提出批判性的質詢；
只要你仍強調你自己和世界都要悔改，
只要你仍絲毫不容讓自己建立一個看似安寧的境況，
只要你仍對社會的現況感到不滿，並不斷談論一個將要來臨的新世界，
你才算得上是一位基督徒。

只當你相信在這新國度的實現中會扮演一個角色，
只當你抱着聖潔的情懷而生的激動去敦促每個你遇見的人，而令那應許早日應驗，
只要你仍按基督的榜樣生活下去，
你便不斷去尋索一種新的秩序、一個新的架構、一個新的生命，
你才算得上是一位基督徒。

有些人在人生的路途上停頓下來，對一切事物失卻興趣，並在他僅能依附的享樂中尋找快樂——這是你所不能容忍的事。你會因着那已被確立和固定的事物而感到不安，你會討厭一切縱容和自滿，因為你堅定不移地確信有更大的事將會來臨，並且你已看見那初露的曙光。作為一個基督徒，你不單認為這世界將會成為過去，並且它消逝是要容讓一個新世界的誕生。故此，今生你沒有一刻能穩妥地肯定已沒有甚麼可作。

但還有基督徒在我們中間嗎？如果在我們所得的印象中，今天的基督教已失卻她所扮演屬靈領導者的角色；又如果那些尋求存在與不存在的眞義、生與死的眞義、施與受的眞義、傷害與受傷的眞義的人士，都不會期望從耶穌基督的見證人身上得着些甚麼回應的話，你會開始驚歎在甚麼程度上這些見證人可以稱自己為基督徒。

基督徒的見證是一種具革命性的見證，因爲基督徒公認上主會再來，祂會更新一切。基督徒的生活是一種革命性的生活，因爲基督徒已預設批判的態度，與世界保持一定的距離。縱使在一切的矛盾衝突中，他仍不斷提及新造的人和新的和平的可能性。如果沒有我們的話，這些都不能實現。

因此，問題的癥結不在於把一個基督徒變爲一個革命分子，而在於是否願意承認在現世的革命者中，基督所表徵的一切眞確特性。我們或許可從這個不與世界妥協，並爲了一個更美的將來而全然擺上自己奮鬬的革命者身上，再一次找到那位曾爲多人得着自由而犧牲性命的人。

那些是一個眞實革命者的標誌呢？當我們找尋這些標誌時，我們一定要明白這些標誌是永不可能在任何一個人身上明確地全然找到的。那就正如是一個反應的問題，從指紋、可供參考的資料、腳印和樹上凹痕的顯示，懷疑有一位藉得追查的人經過。

這人是誰呢？對他周圍的人來說，他是一個非常具吸引力的人。那些遇上他的人都會對他着迷，並且想更進一步認識他。與他接觸過的人都有一個無法抗拒的印象，就是他的動力乃來自一個堅穩、豐盛而隱蔽的源頭。從他裏面所流露出的內在自由，使他超脫即時和最迫切的需要，這種超然灑脫既不傲慢、也不冷漠。他會因爲身旁所發生的事而受感動，但卻不會因此而感到受困逼和損毀。他聆聽時很留心、說話時帶着自制的權柄，但不輕易受催逼或激動。按他的言語行爲，他似乎有一個生動的異象活現在他眼前，而這異象是聽見他說話的人能暗示卻不能看見的。這異象引導他的生命。他順從這異象，透過這異象他懂得如何分辨事情的輕重。很多看似燃眉之急的事情難以惹動他，而他卻極爲看重一些別人容易忽視的事情。

他對能感動別人的事物並非無動於衷，但他卻透過自己的異象去察看別人的需要，因而令他們的需要添上另一種的意義。他會因別人樂意聆聽他而感到快樂和高興，但卻不會主動招聚一些人羣圍繞他，建立一個組織，或發動一場運動。沒有黨派能在他身旁組織起來，因爲他不會單獨依附任何一個人。他的言語和行爲都有一個令人信服的保證和毋待證明的眞理，但他卻不會將他的意見強加於任何人身上。當某人不接納他的意見或不按他的意願做事時，他也不覺煩擾。

在每一件事上，似乎在他腦海裏都有着一個具體和強烈的目標，而這目標的實現是極之重要的。但在追尋這目標的過程中，他仍然維持高度的內在自由。他好像常常明白自己永遠不能親眼目睹這目標的達成，而只能看見它的影子。但在他人生的旅途上，他一直都擁有一份令人留下深刻印象的自由。他爲人小心和謹愼，一點也不鹵莽。每次遭遇挫折時，他都只將自己的生命當作次要。他活着，並不單爲一個新世界的出現，並爲此而努力，因他看見了這新世界的輪廓。而這世界也呼召他，以致生存和死亡對他已不重要。

但一個改革之士不單吸引人到他那裏去，他同樣把人逐離自己，這也是淺白的事。他惹動別人的怒氣，也顯露吸引人之處，兩方面的強烈程度都相若。正因爲他能這麼適然地把自己從許多人認爲是聖潔的事物中釋放出來，他便成爲他們的威脅。他的言談和生活的態度，常與許多人在生活上持守的價值觀念形成對比。他們親身感受到他具深遠感染力的信息，如果他們認同他是對的，也會看見那些信息帶給他們的結果。一次又一次，當他在他們中間，他們知道他所生活的世界也就是他們所嚮往的世界，但他們並沒有朝着那世界而奮鬬，因他們所要付出的實在是太多了。他是那麼肯定和那麼大膽地批評和揭露他們的生活眞相，使他們感到唯一的逃避方法就是除掉他。爲了保持心裏寧靜和讓他們穩妥的生活方式不受滋擾，他們感到必須使那對抗他們虛假和人工化的快樂的人沈默下來。

因此一個宣告新世界將臨而令那舊世界動搖的人，造成一個機會，讓那些自認維護紀律及維繫和平與安寧的人，發動壓制性的侵略行爲。尤其對那些在現今世代充當領導地位的人，這人揭露出現代人的幻象，並且因他會煽動起別人的不安情緒而令人無法容忍他。從他們的觀點來衡量，他們是對的，因爲這擁有異象的人不單對那領導的一羣並他們所引領的社羣都作出抨擊。他們通常是藉着掌權者的權能，用盡辦法來攻擊這擁有異象的人，最後他會被逐出社羣之外。首先，他們否定他的信息，繼而進展爲口頭上的抨擊，而最後以監禁甚至處死作終結。但如果那革命之士是可靠和忠誠的話，我們所預測的便永不會發生。甚至他的死亡也不能驚擾他的呼召。那些殺害他的人會因着他們的發現而感到吃驚和恐慌，他們發現他們的作爲反而成功地喚醒了更多的人，而爲着新世界來臨所發的呼求聲也比前變得更響亮。

根據上述的描繪，世上沒有一個人屬於革命之士。任何一個我們所提出的姓名都只有少許這人的影迹。但必須一提的是，任何一個人張開他的雙眼去尋找這人的話，他便能在他一生中所遇見的千萬人身上尋見。這人的影迹在某些時候只可以模糊地辨認出來，有時卻是不容否認及明顯地表達出來，但從不可能全部都辨認出來。但對那些想看個清楚的人，每個不同的環節都會變得更清晰。

從那游擊戰士的身上
從那手持抗議標誌的青年身上，
從那咖啡室一角的沈默造夢人身上，
從那談吐溫和的修道士身上，
從那溫順的學生身上，
從那容讓兒子走己路的母親身上，
從那給小孩子讀奇情故事的父親身上，
從一個女孩子的笑容上，

從一個工人的憤慨中，
從每一個從浮現在他眼前異象而得力的人身上，我們都可以見到他。
那異象勝過了一切他曾聽見或看見的。

這與禱告有甚麼關連呢？祈禱是突破生命之幕，並讓你自己確定異象引領前路。無論我們怎樣稱呼那異象：「那看不見的現實」、「那與別不同的另一位」、「那神聖的旨意」、「聖靈」、「天父」，我們都反覆聲明，並非那人自己擁有革命性的能力，令那個全然的轉向發生，卻是那全能者彰顯自己，使那人感覺他與那全能者是永遠聯合在一起。

那不斷祈禱的人是一個能激動世上心靈的人，他以憐恤的眼光觀看世人，而他的一瞥卻能直透世上萬有生靈的源頭。

我們常用「神」這個字。這個字能令人聯想起某些吸引人的事，同時也會聯想起某些令人可怖的事；它引人注目，也令人厭惡；它是誘人和危險的；它滋養人，也吞噬人。它像太陽；沒有太陽便不可能有人類存在，但如果人走得太近太陽，他會被灼傷。基督徒是一個知道「它」是有「位格」的，故此神的名字叫阿爸、父。他知道自己是可以與祂對話的，並可藉此爲更新這大地而努力。因此，禱告是人在最要緊的關頭所能做的活動；因爲一個禱告的人永遠不會滿足於此時此地的世界，他不斷奮力實現新世界，那新世界的初露光輝他已瞥見過了。

當你祈禱時，你向那揭示自己是愛的全能者面前，敞開你自己。那全能者將自由和自主賜予你。當你一旦被這全能者觸動，你便再不受那在你身內奔流的無數意見、意念和感受左右你的動向。你已找着你生命的軸心；這軸心給予你嶄新的距離，以致你所看見、所聽聞和所感受的每一事物都能經那源頭的察驗。基督是那位運用最具啓示性的方式的人，清晰地指出禱告是與神的大能有分。這能力使祂能夠把祂的世界扭轉過來；使祂擁有使無數人從存在的悶局中得着釋放的吸引力；但這亦惹動起置祂於死地的敵意。基督，那位被稱爲人子及神的兒子的，已顯示出禱告的意義。從基督身上，神爲着那許許多多人的起跌而顯現祂自己。

禱告是一件富革命性的事情，因爲你一旦開始祈禱，你便把你整個生命放置在一個未可確知的境況中。如果你眞的投入禱告中，即表示你眞的投身那看不見的現實中，你一定察覺你有勇氣提出基本的批評，而這批評正是很多人所期待的，但對其餘的衆人來說是太嚴厲的。

因此祈禱是指你常常預備好放棄你所能確定的事物，並從現況中再向前邁進。祈禱要求你爲着你自己和同胞尋覓一塊新天地而踏上征途。故此，祈禱要求我們過一個貧窮的生活，換言之，你願意過一個一無所有又無可再失的生活，而可以常常重新開始。每當你願意選擇過這種貧窮的生活時，你是將自己放在一個容易受傷害的境況中，但你同時也自由釋放地去察看這世界，和讓這世界以其眞實的形象展現在你眼前。因爲你毋須再防衞自己，並且你能大聲述說，你和那一切生靈的源頭有了密切的接觸後，所領會到的一切。但這需要勇氣。如果你眞的想望你禱告生活中的成果成爲事實，你大概會因着你應否作此嘗試而感到驚懼和疑慮。此時，你必須牢牢地緊記，勇氣也是神所賜的一份禮物，藉着這份禮物你才能作如下的禱告：

神啊，賜我勇氣作革命之士，
正像昔日祢兒子耶穌基督一樣，

賜我勇氣，把自己從這世界中鬆脫出來。
幫助我自由釋放地站起來，
並不躲避任何批評。
神啊！這全爲了祢的國度。
釋放我，
讓我在這世界中成爲貧窮，
然後我才能在那實存世界中豐足，
這正是今生的眞諦。
神啊！爲着關乎那未來的異象而感謝祢，
但求祢實現，而不讓這異象只成爲一套理念。

結語

空舒雙手

祈禱是指你在神面前空舒雙手，讓那使你緊握雙手的緊張情緒慢慢舒緩下來，並讓你漸漸更樂意地接納，你的存在並非是一項你要去維護的產業，而是一份要接受的禮物。因此要緊的是：祈禱是一種生活方式，使你在這世界中找到寧靜，並能向着神的應許空舒雙手；更爲你自己、你的同胞和你活在其中的整個羣體尋找盼望。你禱告的時候，就在柔風中、在你鄰舍的痛苦和喜樂中，並在你心靈的孤寂中遇見神。

禱告引領你得見新的路徑和得聞在空中飄蕩的新樂韻。禱告是你生命的呼吸，賦予你一份自由，讓你可隨意到任何地方和停留在任何地方，並尋找那許多指引你通往一塊新天地的路標。祈禱並不單單是一個基督徒每日生活程序中一個必需的項目，或人在有需要的時刻可得着支援的來源，或局限於主日早上的活動，或是進食的前奏。祈禱就是生活。一個在印度居住的本篤會 (Benedictine) 修道士寫了以下的一段文字：

> 我們不應作一個部分時間的默觀者，正如我們不應作一個部分時間的基督徒或人。從我們歸信基督和承認祂是上主的那一天開始，我們就沒有一刻——無論是清醒中、睡夢中、走路中、安坐中、工作中、學習中、進食中、玩樂中，不是讓神抓緊自己的印記，不是爲主的名和在聖靈的感動下而生活。

[亞必思旦那達(Abhishiktennanda)的《禱告》，德里，1967。]

因此，一個以祈禱為重的生活是一個空舒雙手的生活：你不再因為自己的輭弱而感到羞愧；並且你認識到，一個容讓別人引領前路的人，比一個把一切緊握在他自己雙手中的人，更加完全。

只有過這種生活的人所作的禱告才有意義。在教會裏、在桌子旁、或在學校所作的禱告只不過是一個見證，它見證我們對整個生命的期望。這樣的禱告單單提醒我們一件事——祈禱就是生活，它激勵我們更致力於過這種生活。因此，我們可以不同的形式祈禱，就正如在我們生命中有不同的時刻一樣；有時你尋找一個幽靜的地點，因你想獨自一人；有時你卻尋找一個朋友，因你想與人一起；有時你想有一本書或想聽一些音樂；有時你想唱個不停；有時你又只想哼幾個調子；有時你想以言語表達自己；而有時你卻想以深沈的靜默表達自己。

在這些時刻中，你漸漸使你的生活變得更像一個禱告，並且空舒雙手讓神引領你向前走，甚至走到一個你所不願意到的地方。

作者簡介

盧雲(Henri J.M. Nouwen)

原籍荷蘭，著名靈修及牧養神學作家，曾於美國聖母院大學、耶魯大學及哈佛大學之神學院任教多年。一九八五年離開哈佛大學，在法國Trosly的「方舟團體」(L'Arche Community)生活，等候及尋索未來的「召命」。終於受「方舟團體」在加拿大多倫多市以北的「黎明之家」(Daybreak)邀請，自一九八六年起為其牧者，服事家中的弱智人士及職員，直至一九九六年九月安息主懷止。其作品包括《羅馬城的小丑戲》、《心應心》、《始於寧謐處》、《念》、《親愛主，牽我手》、《奉耶穌的名》、《與祢同行》、《鏡外》、《新造的人》、《生命中的耶穌》、《愛中契合》、《黎明路上》、《建立生命的職事》、《負傷的治療者》、《亞當》、《活出有愛的生命》及《盧雲眼中的梅頓》等。

盧・雲・著・作・一・覽・表（基道出版）

Intimacy: Essays in Pastoral Psychology (1969)
《愛中契合》香港：基道，一九九四。

Creative Ministry (1971)
《建立生命的職事》香港：基道，一九九六。

With Open Hands (1972)
《親愛主，牽我手》香港：基道，一九九一。

Thomas Merton: Contemplative Critic (1972)
《盧雲眼中的梅頓》香港：基道，一九九九。

The Wounded Healer (1972)
《負傷的治療者》香港：基道，一九九八。

Out of Solitude (1974)
《始於寧謐處》香港：基道，一九九一。

Clowning in Rome (1979)
《羅馬城的小丑戲》香港：基道，一九九〇。

In Memoriam (1980)
《別了，母親》香港：基道，一九九一。
《念：別了母親後》（重譯本）香港：基道，二〇〇〇。

Making All Things New (1981)
《新造的人》香港：基道，一九九二。

Compassion (With Donald P. McNeill and Douglas A. Morrison, 1982)
《慈心憐憫》香港：基道，二〇一七。

Letters to Marc about Jesus (1988)
《生命中的耶穌》香港：基道，一九九三。

The Road to Daybreak: A Spiritual Journey (1989)
《黎明路上》香港：基道，一九九五。

Heart Speaks to Heart (1989)
《心應心》香港：基道，一九九一。

Beyond the Mirror (1990)
《鏡外》香港：基道，一九九二。

In the Name of Jesus (1990)
《奉耶穌的名》香港：基道，一九九二。

Walk with Jesus (1990)
《與祢同行》香港：基道，一九九二。

Life of the Beloved (1992)
《活出有愛的生命》香港：基道，一九九九。

Adam: God's Beloved (1997)
《亞當——神的愛子》香港：基道，一九九九。

Sabbatical Journey: The Diary of His Final Year (1997)
《安息日誌——秋之旅》香港：基道，二〇〇二。
《安息日誌——冬之旅》香港：基道，二〇〇三。
《安息日誌——春夏之旅》香港：基道，二〇〇三。

The Road to Peace (1998)
《和平路上》香港：基道，二〇〇二。

Finding My Way Home (2001)
《尋找回家路》香港：基道，二〇〇四。

Turn My Mourning into Dancing: Finding Hope in Hard Times (2001)
《祢已將哀哭變為跳舞》香港：基道，二〇一八。

Peacework: Prayer, Resistance, Community (2005)
《和平篇章》香港：基道，二〇〇七。

A Spirituality of Living (2011)
《盧雲靈思集．生命中的蒙愛時刻》香港：基道，二〇一八。

A Spirituality of Caregiving (2011)
《盧雲靈思集．關顧，傷癒時刻》香港：基道，二〇一八。

A Spirituality of Homecoming (2013)
《盧雲靈思集．歸心，歸回上帝的時刻》香港：基道，二〇一八。

Discernment: Reading the Signs of Daily Life (With Michael J. Christensen and Rebecca J. Laird, 2013)
《靈心明辨》香港：基道，二〇一五。

Following Jesus: Finding Our Way Home in an Age of Anxiety (2019)
《跟從耶穌，每一步都是歸心之路》香港：基道，二〇二〇。

緊扣時代 服事教會

以文字傳揚基督真道

讀者意見表

衷心多謝你購買本社書籍。本社一直致力以出版事工服事教會，幫助信徒扎根於神的話語，促進靈命增長。為使我們的出版更能滿足你的需要，請填寫下列各項資料，並寄回或傳真予本社。

所購書籍：________________

本書最吸引你的地方：

□作者　□適切性　□文筆　□設計　□實用性

□其他：________________

購買本書地點：

□基道書樓　□基督教書店　□非基督教書店

性別：□男　□女　職業：________________

信仰：□基督徒　□非基督徒

年齡：□ 16 歲或以下　□ 17～25 歲　□ 26～35 歲

□ 36～55 歲　□ 56 歲或以上

學歷：□中三或以下　□中五　□預科

□大學　□研究院

□我欲更多了解基道出版社的事工及考慮支持，請寄給我下列資料：

□機構簡介　□新書資料　□基道會員通訊

□《基道文字事工通訊》

姓名：________________　電話：________________

地址：________________

____

傳真：________________　電子郵件：________________

其他意見：________________

____

多謝賜教！

意見表可以傳真（2687-0281）或直接郵寄以下地址：

香港沙田火炭坳背灣街26號富騰工業中心1011室

基道出版社編輯部收